Reshad Feilds Reiseführer
auf dem Weg zum Selbst

Reshad Feilds Reiseführer auf dem Weg zum Selbst

Aus dem Mund von
RESHAD FEILD

aufbereitet von
MATTHEW SHOEMAKER

Plejaden

Titel der Originalausgabe:
A Travelling People's Feild Guide
erschienen bei:
Element Books Ltd, Shaftesbury, England

Aus dem Englischen von Peter Sineokow

Bahnhofstraße 15, 2127 Boltersen, ☏ (0 41 36) 87 83

Umschlagfoto und -gestaltung: Peter Sineokow
Satz: Plejaden Verlag, Boltersen
Datenkonvertierung: Fotosatz J. Duscha, West-Berlin
Druck: Hilberts & Pösger, West-Berlin

Das Buch kann außer in Buchhandlungen direkt vom Plejaden Verlag bezogen werden. Bei Vorauszahlung portofrei (DM 19,80 in bar oder per Verrechnungsscheck, oder auf das Postgirokonto Berlin-West Nr. 235 57-106 überweisen und Titel auf dem Empfängerabschnitt angeben). Per Nachnahme entstehen ca. 6,00 DM zusätzliche Kosten. Fordern Sie unseren kostenlosen Gesamtprospekt.

ISBN 3-88419-046-6

Reshad Feilds Reiseführer...

Reshad Feilds eigene spirituelle Suche hat ihn um die ganze Welt geführt, zu Zen-Klöstern in Japan, zum Himalaya und in die Türkei, wo er die mystischen Sufi-Traditionen studierte und in den Orden der Mevlevi-Derwische eingeweiht wurde.

Er betätigte sich nacheinander als Volkssänger, Antiquitätenhändler und Börsenmakler. In den siebziger Jahren leitete er Schulen für die Transformation des Menschen in Großbritannien, Kanada und Amerika. 1983 erlangte er die Doktorwürde in Psychologischer Beratung und arbeitete als professioneller Wahrsager. Er ist Autor mehrerer Bücher, die auch in Deutschland Bestseller wurden und bereits zu den Klassikern der zeitgenössischen spirituellen Literatur gezählt werden.

Einleitung

Diese einzigartige Sammlung von Aussprüchen Reshad Feilds ist eine Herausforderung an den Leser. Im Laufe eines Vortrags oder auch beim Kochen einer Mahlzeit sagt Reshad oft einen Satz, der entweder den Intellekt verblüfft oder im Herzen singt. Diese Äußerungen haben wir "Schnippel" genannt, so als wären sie aus der Luft geschnippelt.

Aus Hunderten dieser gesammelten Kostbarkeiten habe ich die hier vorgelegten auf eine besondere Weise zusammengestellt und angeordnet, so daß der Leser möglichst viel davon hat. Der Inhalt spricht für sich selbst und jede Zeile hat vielfältige Bedeutungsebenen.

Diese Zitate können privat oder in Gruppen benutzt werden, sei es für die Kontemplation oder als Themen, mit denen man eine Weile arbeitet. Es gibt viele Arten, dieses Buch zu lesen und zu benutzen, und ich lade den Leser dazu ein, seinen eigenen Zugang zu finden. Nimm es ernst, aber hab Spaß dabei. Dies ist ein Wegweiser für alle, die auf dem Weg der Erkenntnis durch die Tore der Liebe gehen und weiter auf dem Pfad des Dienstes in dieser Welt wandern.

Vielen Dank an alle, die beim Sammeln dieser Worte geholfen haben, vor allem an Penny Feild, Subhana Menis, Nancy Scopin, Lewis Austin, Chris Knab und Tony Stanton. Und ein ganz besonderes Dankeschön an Reshad Feild für sein Wissen, seine Liebe und seine Arbeit.

Matthew Shoemaker

Diese Welt ist ein Jagdrevier
für Erkenntnis.

Erkennen wir nicht,
daß uns Erkenntnis fehlt,
suchen wir sie nicht.

Wenn wir glauben, wir wissen
etwas ganz und gar,
wissen wir nichts.

Wenn du weißt,
daß du nicht weißt,
was du nicht weißt,

dann hat die göttliche Führung
dich endgültig
...an den Rand der Verwirrung gebracht.

Nun mach weiter!

Sei auf der Hut

vor der Kluft

zwischen dem,

was du weißt,
und dem,

was du zu wissen versuchst.

Der Trick bei der Einsicht ist der,
den Winkel
von unserem Blick zu entfernen.

Du weißt, was du mit deinem Verstand
machen sollst?

Steck' ihn in dein Herz.

Stelle die Frage aus deinem Herzen,
in dem Wissen, daß du im Angesicht der Wahrheit
nichts bist.

Nichts ist so schwer
zu heilen
wie eine Idee
der Wahrheit,

denn sie verschließt eher das Herz
als es zu öffnen.

Mutmaße

auf eigenes Risiko!

Nichts in der Welt
hat mehr Wert

als jemanden zu helfen,
eine Frage zu stellen.

Wenn du jemand helfen willst,
bring ihn dazu,
sich auf die Frage einzulassen.

Sei in der Frage,
werde die Frage,

und du wirst zum Spiegel,
der eine Frage hervorbringt.

Ein wirkliches Gespräch entsteht,
wenn zwei oder mehr Menschen
vereinbaren, zusammenzukommen...

im Namen einer Frage.

Ihr könnt untätig
und amüsiert sein,

doch um Antworten zu erhalten,
müßt ihr Fragen stellen.

Es gibt immer
eine wirkliche Frage,
in jedem einzelnen Augenblick,

denn es gibt immer
-- in jedem einzelnen Augenblick --
eine wirkliche Antwort.

Wenn wir willens sind,
eine Frage
zu stellen,

müssen wir auch gewillt sein,
die Antwort zu hören.

Du bekommst Antworten,
die deiner Fähigkeit entsprechen,
die Antworten zu nutzen.

Wirkliche Fragen
bringen genau das
in Erscheinung,
worum gebeten wird.

Was ist der Zweck des Lebens auf Erden?

Stellst du (dich) diese(r) Frage ganz,
entfaltet die Antwort sich stetig
-- für den Rest deines Lebens.

Wenn wir den Mut haben
zu erkennen:
das Leben selbst ist der Lehrer,

dann kann die zeitlose Wahrheit,
die der Augenblick birgt,
hervortreten.

Lauschen wir
mit großem Bedacht,

können wir hören,
daß der Augenblick spricht.

Nach innen hören...
heißt nicht, zu versuchen, dir selbst zuzuhören,
wie du erhabene Predigten hältst.

Du lauschst,

indem du die Frage lebendig erhältst.

Was dir zu sein bestimmt ist,

und was du gerne wärst,

mag sehr verschieden sein.

Denk nicht über dich nach!

Es kommt zu dir zurück...
wie beim verstopften Abfluß.

Wenn du nicht weißt, wer du bist
...warum überhaupt darüber nachdenken?

Wenn du zu denken vergißt...

könntest du
dich tatsächlich erinnern.

Bis du weißt,
wer du bist,

bist du nur Einbildung.

Opfere die Illusion,
der zu sein, der du glaubst,

auf daß du wahrhaft entstehen kannst.

Sein und Vermögen
sind bedingt durch dein Leersein
von jeglichem Begriff des Selbst.

Das Auflösen
der Illusion

ist der Bodensatz
der höchsten Wahrheit.

Wir klingen völlig anders,

wenn die Vorstellung dessen,
wer wir sind,
erschüttert ist.

Du bist bereits,
wonach du suchst,

denn

das,
wonach du suchst,
ist das,
was sucht.

(An) zu erkennen,
was wirklich da ist,
ist der erste Schritt zum Leben.

Dieser Schritt ist der Beginn
der Entwicklung zur Vollkommenheit,
das heißt zur Befreiung
von all dem, was unnötig ist.

Das Leben ist voll,
wenn du leer bist.

Worte sind Schleier,
die die Wahrheit verhüllen,

weil wir uns ihr nicht überall
zugleich aussetzen können.

Ist der Geist erst erwacht,
fallen die Schleier...

Versuche nicht, sie mit dem Pickel wegzuhacken!

Das Leben selbst
ist ein Experiment,
um herauszufinden,
ob wir zur Erfüllung
gelangen können.

Uns wird alles geschenkt, was wir brauchen,
um zur Erfüllung zu gelangen.

Uns werden ähnliche Umstände vorgegeben,
bis wir lernen, sie zu erlösen,

durch unser Wachsein
für die innere Bedeutung
der Erfahrung

und nicht für ihren Anschein allein.

Manches mal ist das,
was wir für eine wirkliche Erfahrung halten,

schlicht
eine eingebildete Nachahmung
der Erfahrung
eines anderen.

Du kannst niemals die gleiche Erfahrung machen
wie ein anderer,

denn jeder von uns ist ohnegleichen,

und du kannst niemals
dieselbe Erfahrung wiederholen,

denn jeder Augenblick ist einzig.

Achte auf Eindrücke...
daß sie zu dir kommen, hat seinen Grund.

Laß dich nicht hypnotisieren,
von dem was dich anzieht.

Wenn wir unseren Sinnen erlauben,
uns zu beherrschen,

sind wir gefangen
in der Welt der Anziehung.

Gefühlsseligkeit ist eine totale Katastrophe!

Sie bringt uns von dem ab,
was wir vielleicht verstehen könnten.

Gefühle werden beherrscht
von den Mustern der Vergangenheit.

Wenn du nicht über Gefühle hinauskommst,
wirst du die Fehler deiner Vorfahren wiederholen.

Und welchen Nutzen hätte die Welt davon?

Solange wir von den Gefühlen beherrscht werden, flieht uns die Freiheit.

Du bist nicht deine Gefühle...

Identifiziere dich nicht mit ihnen.

Geh über das Gefühl hinaus!

Wir dürfen uns niemals gestatten,
ver-haftet oder identifiziert zu sein.

Denn das hieße, unsere Verpflichtung und unser Vorhaben
unter Bedingungen zu stellen.

Jede Form von Erwartung ist eine Falle.

Täglich stellt uns irgendetwas auf die Probe,
um uns von der Wahrheit abweichen zu lassen.

Erkenne es,
doch nimm es nicht zu ernst.

Schlecht ist nicht schlecht,

bis es auf seine bessere Hälfte trifft.

Probleme
sind nur Umstände,
die du vernachlässigt hast.

In dem Moment,
in dem du ein Problem erkennst...

ändert es sich.

Sehen

verändert

was du siehst.

Was wir sehen,
kann eine Hilfe für uns sein:

die Spiegelung
unserer selbst.

Ohne Verlangen nach Wahrheit
wird der Spiegel zum Feind.

Machen wir erst einen Schritt
in Richtung Wahrheit,
kommt sie uns entgegen.

Wenn wir davonlaufen,
könnte sie uns schnappen.

Auf deiner Reise...

mußt du achtgeben,
daß dir der Dreck
von deinen Schuhen
nicht in die Augen kommt.

In einer Krise
sehen wir Dingen ins Auge,
denen wir erlaubt haben,
sich festzusetzen.

Wenn du leidest,
ist es schwer, dich zu erinnern,
daß alles, was geschieht,
dich etwas lehren soll,
und dafür dankbar zu sein.

Schmerz ist die Visitenkarte
für die Begegnung mit dir selbst.

Wenn du für demütigende Erfahrungen
dankbar sein kannst, wirst du vielleicht
im nächsten Augenblick erhöht.

Wir brauchen schöpferische Spannung,
um uns in Gang zu halten:
geradenwegs durch
die Tore zum Paradies.

Es gibt einen Teil in uns,
der nicht wissen will,
was wir tun müssen.

Wie kannst du deine niederen Anteile erkennen?

Es ist das, was jammert und klagt.

Wenn du urteilst,
wirst du taub,
blind,
und gleichgültig,

und du bleibst
in diesem Augenblick stecken.

Urteilen
ist wie ein Gummiband:

es schnappt nach dir
zurück.

Der Mensch spricht über sich,
wenn er glaubt,
andere zu beschreiben.

Du bist nicht einmal in der Lage,
Muster in andern zu erkennen,

ohne sie zuerst
bei dir selbst zu sehen.

Wir manipulieren nur deshalb andere,
weil wir nicht ertragen können,
wir selbst zu sein.

Es gibt drei Mauern,
die uns trennen:

Neid,
Groll
und Stolz.

Wahre Heilung ist das Wissen,
daß es keine Trennung gibt.

Alles ist vollkommen,
und es ist unsere Pflicht,
das zu verstehen.

Das einzige, was wir wirklich tun können,
ist, der Aufstellung zuzustimmen

und dann das Spiel gut zu spielen.

Es ist der Grad unserer Leidenschaft,

der jede Minute
Leben erweckt.

Um Gottes willen

geh hinaus
und tue was
für irgendjemanden.

Ohne genügend Interesse am Leben
wirst du nie wissen,
was dir zu tun bestimmt ist.

Da uns bestimmt ist,
dem nächsten zu dienen,

nähere dich dem,
was Hilfe braucht.

Bist du wach,
befindest du dich
zur rechten Zeit
am rechten Ort.

Sobald du
Kontrolle über deinen Atem hast,

weißt du,
was in jedem einzelnen Augenblick
benötigt wird.

Not zieht aus der Umgebung
das an,
was die Not beenden kann.

Durch Vertrauen und geistige Führung

treten die richtigen Umstände
unweigerlich ein.

Geduld ist nicht passiv,
sondern aktiv aufnahmebereit.

Um Geduld zu erlernen
braucht es Beharrlichkeit,

und um beharrlich zu sein.
braucht man Geduld.

Wisse: bist du hier,
ist alles gegeben,

und gegeben ist alles,
weil du hier bist.

Anwesend zu sein
heißt dem Raum zu dienen,
der dir gegeben ist.

Wir sind die Diener
des Augenblicks.

Wir müssen die Menschen lieben
ins Jetzt des Augenblicks.

Sei aufmerksam
für jene,
die nicht anwesend sind.

Laß dich durch nichts,
in dir oder außerhalb,
davon abhalten,
anwesend zu sein.

Die meisten von uns tragen
die Vergangenheit in einer Tasche
und die Zukunft in der anderen.

Wir müssen bereit sein,
jedes Opfer zu bringen, das nötig ist,

um den ewigen Augenblick lebendig zu erhalten.

Ein Kind wird geboren
aus dem Schoß
des Augenblicks.

Gestern
war die Geburtsstätte
von Heute;

Heute
ist die Geburtsstätte
von Immerdar.

Sind wir wahrhaft
im Jetzt des Augenblicks

und unsere Gedanken und Phantasien
reißen uns nicht fort,

dann sind wir in der Lage,
vom Schicksal frei
und unserer Bestimmung verfügbar zu sein.

Sobald wir
im Jetzt des Augenblicks sind,

beginnt unser Werk auf Erden.

Das Danach

ist da,

nachdem du weißt.

Wenn wir gar nicht “erst hier ankommen“...
... verwandelt sich der stürmische Applaus der Engel
womöglich in eine verstopfte
Toilettenschüssel.

Die künftige Welt
ist bereit, in Erscheinung zu treten,

sobald wir eintreten
ins Jetzt.

Alles befindet sich
im Zustand
stetiger Entfaltung

aus der Zukunft
in die Gegenwart.

Wahrheit offenbart sich
so, wie die Welt es braucht,

und das wie unterscheidet sich
in jedem einzelnen Augenblick.

Dienen ist der Schlüssel zur Wahrheit,
denn die Wahrheit lebt im Dienen.

Joch dich
an das Rad des Dienens,

und das Universum
dreht sich um dich.

Was immer wir tun,
kann ein Beispiel sein

für die Wahrheit,

und, wird es bewußt getan,
zur Heilung der Erde beitragen.

Du darfst unter keinen Umständen
versuchen, jemand anders nachzuahmen.

Du mußt etwas Wirkliches für dich selbst haben,

dann hast du auch einem andern
etwas Wirkliches zu geben.

Die Kunst des Lebens
besteht in der Fähigkeit,
etwas weiterzugeben,
das wirklich und von Wert ist.

Nimm niemals an,
es ginge

ohne dich.

Die Welt der Möglichkeit
existiert nicht ohne Willen.

Die gleichen Dinge, die uns davon abhalten,
einen Brief abzuschicken,
halten uns davon ab,
die Geheimnisse des Universums anzuwenden.

Mach dir deinen Verstand
zum Freund,

und die Zeit ist
auf deiner Seite.

Wir sind die Menschen,
die bewußte Zeit schaffen können:

durch die Triade von
Bereitschaft,
Zustimmung,
Verpflichtung.

Was wird verlangt?

Mut, Bescheidenheit und Geduld:

der Mut, dich an eine Autorität zu wenden,
die Bescheidenheit, nichts als gegeben anzunehmen,
und die Geduld, zu warten,
bis du weißt, was du tun sollst.

Wir haben die Wahl,
doch die Antwort hat Gott.

Die Finsternis zu erkunden
brauchst du etwas Licht,

ansonsten
mußt du
durch deine blauen Flecken lernen.

Im Augenblick, in dem du
dein Einverständnis zu etwas gibst,

gibst du ihm Leben.

Wir können hervorbringen,
was im Verborgenen ist,

indem wir unsere Aufmerksamkeit darauf richten
und unser Einverständnis dazu geben.

In der relativen Welt
ist Einverständnis ein stärkeres Wort als Gott.

Einverständnis
gibt der Seele
ein wissendes Versprechen.

Der Samen der Seele
ist das Dienen.

Finde das Vorhaben,
das in dir liegt,

und erlaube ihm,
zum Vorschein zu kommen.

Wenn wir uns rückhaltlos verpflichten,

wird uns alles gegeben,
was wir brauchen.

Es ist möglich, daß in uns
sich etwas zu bilden beginnt,

wenn wir die äußerst wichtige Frage stellen:

"Will ich das wirklich tun,
und bin ich bereit, es zuende zu bringen?"

Kennst du erst einmal Liebe
und weißt, die Liebe kennt dich,
dann kannst du eine Entscheidung treffen.

Unser Vorhaben
geht uns immer voraus.

Es bedeutet etwas,
wenn du dein Vorhaben
körperlich einholst.

Disziplin
ist die Kunst
zu leben.

Wie du arbeitest,
so wirst du
bearbeitet.

Du gewinnst Energie,
wenn du dein Vorhaben
aus freien Stücken
ausführst.

Die Energie, die aus der Ausführung
eines Entschlusses stammt,
beruht auf dem Opfer.

Je mehr Opfer du bringst,
desto mehr Energie
steht dir zur Verfügung.

Was fängst du nun damit an?

Willen
ist wie das Ernten
der Früchte
deines Opfers.

Tun wir es für uns selbst,
wird das Opfer zur Illusion.

Wenn wir uns
durch Lernen
und durch Opfer
selbst aufgeben,

werden wir vielleicht
zu Instrumenten
von Gott.

Hab Vertrauen.

Das Ausmaß der Hilfe,
die du sein kannst,
hängt von dem Opfer ab,
das du zu bringen vermagst.

Alles, was du hinausgibst,
kommt zurück,
doch du weißt nie,
wann oder wo oder zu wem.

Alle Arbeit, die wir tun,
bietet allen andern Menschen
in der Welt
die Möglichkeit,
zu verstehen.

Die Verantwortung ist außerordentlich.

Sobald wir entscheiden, was wir wollen,

welchem Zweck wir bereit sind,
unser Leben zu weihen,

können wir Hilfe bekommen von denen,
die das unterstützen, was wir wollen.

Wenn wir zusammenarbeiten
und erhalten die Frage lebendig,
entsteht daraus ein Sog.

Keiner von uns kann irgendetwas allein vollbringen.

“Ich bin nicht allein“...

Laß dich von diesem Wissen
in jedem Augenblick
entflammen.

Wir lernen, einander zu erkennen,
wenn wir uns selbst kennen.

Du magst das Göttliche erkennen,
das von jemand anderen kommt,

dabei kommt es durch dich.

(Er-) kennst du Gott
in deinem Herzen,

kannst du ihn überall sehen.

Das Herz
ist der eine Punkt,
der mit allem anderen
verbunden ist.

Wenn du jemandem begegnest,
dessen Herz singt,
läßt es dein eigenes Herz singen.

Begegnen wir uns in Liebe,
kommt erst das Erkennen
und dann die Erwiderung.

Und mit dieser Erwiderung
beginnt eine ganze Palette von Musikstücken
in unseren Seelen zu erklingen.

Eine Bruderschaft begründet sich
durch Liebe.

Diese seltene Liebe,
die jenseits der Welt
des Verlangens wohnt,
spottet jeder Beschreibung.

In ihr
sind Zeit und Raum
verbunden in der Empfindung
gemeinsamer Sehnsucht,

doch keiner Sehnsucht,
irgendwohin zurückkehren,
als dorthin, wo wir schon sind.

In solch einer Liebe
hat die Gefühlsseligkeit dem Wissen
und das Wissen dem Verstehen
Platz gemacht.

Liebe ist reine Energie
und sie muß durch Wissen
verankert werden.

Verwurzle die Liebe durch Wissen.

Es kann kein Erkennen geben
ohne Sehnen.

Liebe sehnt sich danach, erkannt zu werden.

Wenn du weißt,
du wirst geliebt,
bist du frei.

Jeder Mensch
ist ein Funke,
der in Flammen
aufgehen möchte.

Jeder Baum möchte ins Licht
wachsen.

Du mußt nichts weiter tun,
als den Weg dafür freizumachen.

Laß einen einzigen Menschen wissen,
daß er oder sie
bedingungslos geliebt wird,

und Gott ist befreit.

Die größte Heilung
liegt in dem Augenblick,
da jemand weiß,
er/sie wird bedingungslos geliebt.

Nimm dieses Wissen mit,
wohin du auch gehst.

Wenn du heilen willst,

dränge niemandem
deine eigene Überzeugung
oder Vorstellung auf.

Horche in dich hinein,
und du wirst wissen,
was sie brauchen.

Wenn es einen Ort gibt,
an dem die Menschen spüren,
daß ihnen nichts aufgedrängt wird,

wird er zu einer Art Heiligtum.

Wenn du erst einmal weißt,
du wirst bedingungslos
geliebt,

dann kannst du jemand anders helfen.

Es ist schwierig,

bis zu dem Punkt,
wo du begreifst:

es ist einfach.

Um Heiler zu sein...

sei demütig
und dankbar,
hier zu sein.

Heiler müssen nicht
Puritaner sein;

Heiler müssen
helfen.

Heilen heißt nicht allein,
den Menschen Besserung zu verschaffen,

sondern sie dazu zu bringen,
sich ihrem Selbst im Spiegel
zu stellen.

Heilung
ist ein bestimmter Augenblick
im Zeitverlauf,

und ein Heiler
ist eine Verkörperung
dieses Augenblicks.

Ist beim Heilen

ein Mensch in der Lage,
danke zu sagen
und meint es ernst,

dann weißt du, daß er gesunden wird.

Wer dem Menschen nicht dankt,
dankt auch nicht Gott.

Dankbarkeit läßt
die alten Zyklen vergehen.

Nichts ist falsch daran,
sich selbst zu lieben.

Wenn wir nicht dankbar sind,
daß wir leben,

sind wir absolute Trottel.

Schuldgefühle haben keinen Sinn.

Hast du einen Fehler gemacht,
gib es zu,

sei gewiß, daß dir vergeben ist,
und mach weiter.

Heilen hat zu tun
mit Verzeihen

und mit der Fähigkeit,
sich verzeihen zu lassen.

Es hat zu tun mit Ganzheit.

Verzeihen ist nicht schwer
wenn du im Jetzt des Augenblicks bist.

Bist du es nicht,
ist es nahezu unmöglich.

Deine Vergangenheit wird verbrannt
im Feuer der Gegenwart.

Wenn wir jemandem verzeihen,

sind die Knoten gelöst

und die Vergangenheit ist gelöscht.

Mit Liebe nimm die Makel
deiner Freunde und Feinde an,

und du magst lernen,
dich selbst zu lieben und anzunehmen.

Hast du nicht Liebe für alle,

hast du sie in keinem Falle.

Liebe bringt das Licht
hinter der Sonne
in unsere Welt.

Verbring jeden Tag etwas Zeit mit Lieben:
nicht nur deine Kinder,
deine Familie und Freunde,

sondern jedes menschliche Wesen auf Erden;
dann trägst du viel dazu bei,
unserem Planeten zu helfen.

Jeder Mensch
muß wissen,
was er will,

und muß jeden Tag
dafür beten ...

Letztendlich wollen wir,
daß die Erfahrung der Liebe,
der erlösende Geist,
in diese Welt kommt.

Durch Atem

kannst du alles
in dich einbeziehen

und guten Willen
an jeden Ort der Erde senden.

Atme
das Tier-
Pflanzen-
und Mineral-Reich ein.

Dann atme sie aus,
als Licht.

Du bist ein Leuchtturm
für das Universum.

Atme bewußt,

und du verbesserst
die Qualität der Luft.

Es liegt an dir,

was in der Zeit
zwischen dem Ein-
und Aus-
Atmen geschieht.

Bleib überall und immer offen...

dann kann der Atem dich durchwehen,

und du kannst auf diese Weise vollkommen
im Jetzt des Augenblicks verweilen.

Stirb bewußt,
bevor zu stirbst.

Fülle dein Leben
in einen Kelch
und gieße ihn aus
in die Welt.

Im Augenblick,
in dem du bewußt stirbst,

wird irgendwo in der Welt
zumindest ein Kind

in Liebe geboren.

Warum, um Himmels willen,
hilfst du nicht den Engeln?

...sie helfen dir!

Was oder wen immer
du siehst
im Gebet,
laß sie ein...

für sie muß gebetet werden.

Wenn du aufrichtig bist,
singt dein Gebet,

und es wird die Wahrheit singen.

Beten wir richtig,
sind wir eine Antwort auf das Gebet.

Beten gewährt die Öffnung,

durch welche die Antwort gegeben wird,

und gewährt der Antwort
die Offenbarung durch dich.

Erkennen wir
Ein Absolutes Wesen (an),

wird das Gebet zu einer Sache,
daß wir uns selbst
in Liebe öffnen,

um den Fluß des Lebens zu erleichtern.

Wenn du nicht weißt, daß du geliebt wirst,

hast du die Öffnung nicht.

Bete nicht zu Gott,
laß Gott in dir beten.

Bete,
bis nichts mehr da ist

außer Gott.

Ist von uns
nichts mehr übrig
außer Gott,

und wenn wir dann sagen: “Sei“,
wird es geschehen.

Haben wir
vollkommenes Vertrauen,

daß unsere Hände
die Hände Gottes sind,

kann Er durch uns heilen.

Der Friede auf Erden
hängt ab von
einer genügend großen Zahl von Menschen,

die eben jetzt
in ihm sind.

Denke nicht bloß,
sondern denke
an nützliche Dinge.

Überall gibt es Tonnen von Gedanken,
die du verwenden kannst,
doch denke nicht
darüber nach.

Gedankenformen sind Muster
aus gebrochenem Licht.

Jeder Gedanke
hat einen Ton,

und jeder Ton
trägt eine Last
von Bedeutung
mit sich.

Ton und Gedanke
bestimmen
das Muster
unseres Lebens.

Halte dein Haus
so rein,
daß Gott dich besuchen kann.

Halte deine Nahrung
so rein,
daß Gott sie essen kann.

Halte dich selbst rein!

Ist ein Raum
in Ordnung gebracht
und vorbereitet,

dann hat der Heilige Geist
die Gelegenheit,
einzutreten.

Wir müssen den Raum abgrenzen,
in dem wir arbeiten wollen.

Hast du diesen Raum einmal festgelegt,

ist alles, was du brauchst,
darin enthalten.

Wo immer wir sind:
wir haben unendlich viel Raum
mit Schönheit zu füllen.

Raum ohne Zeit
wäre eine Leere
ohne Möglichkeit.

Zeit ohne Raum
wäre eine sinnlose
Verschwendung von Energie.

Unser Herr
ist ein ausdehnungsloser Punkt
der Möglichkeit.

Wir schulden es Gott,
der Schönheit zu gewähren,
voll Ehrfurcht
durch uns gesehen zu werden.

Auf diese Weise begleichen wir
unsere natürliche Schuld.

Wenn du zuläßt,
durch-schaut zu werden,

ist es, wie in deinem eigenen Sog
zu verschwinden.

Kehren wir das Innen nach außen,

sind wir die Spiegel
der Wahrheit.

Der Maßstab für Wahrheit
ist Schönheit.

Wahrheit erkennt sich selbst
im Vollkommenen der Schönheit.

Der Wesenskern entdeckt sich selbst
im Spiegel der Gestalt.

Um im Spiegel
überhaupt etwas sehen zu können,

brauchst du genügend Licht.

Poliere den Spiegel
deines Herzens,

und die Welt
füllt sich
mit Licht.

Die Welt
ist eine spiegelnde Oberfläche,
die imstande ist,
ein Leuchten des Verstehens zu erzeugen.

Licht und Verstehen
entfalten sich stetig
von innen heraus.

Die ganze Welt
bricht
in jedem Augenblick
in Blüten aus.

Ist dir je in den Sinn gekommen,

daß du selbst
das Nadelöhr bist?

Nachwort zur deutschen Ausgabe

Übersetzungen sind immer Utopie, denn jede Sprache hat ihr eigenes "Flair", das bei der Übertragung nur in Glücksfällen seine Entsprechung findet. Bei Aussprüchen, "ungewollten Aphorismen", wie sie in diesem Bändchen zu finden sind, wird die übliche Qual (der Wahl) für den Übersetzer um ein vielfaches gesteigert. Jede kleinste Nuance in der Auswahl der Worte, der Satzstellung oder gar der zugrundeliegenden Bilder, die sich jeglicher wörtlichen Übertragung entziehen, hat schwerwiegende Folgen. Es war unser Anliegen, in allen, nicht gerade seltenen Zweifelsfällen, in denen für die englische Mehrdeutigkeit keine ähnlich "offene" Entsprechung im Deutschen zu finden war, dem "Geist" des englischen Originals so weit wie möglich Ausdruck zu verleihen. Dies schien einige Male am ehesten zu gelingen, wenn eine Sprache gewählt wurde, die ein wenig weiter entfernt von der alltäglichen Umgangssprache angesiedelt, d.h. in gewisser Weise "poetischer" ist, als die des Originals. Die Poesie und Vieldeutigkeit der englischen Vorlage liegt weit mehr in der Anordnung der Satzelemente als in der Wahl der Worte.

Es gab im Verlag ernsthafte Erwägungen, eine zweisprachige Ausgabe herauszugeben, die (dem englisch sprechenden) Leser erlauben sollte, die Übersetzung selbst zu beurteilen wie auch den Originaltext auf sich "wirken" zu lassen. Da diese geplante Ausgabe durch die nahezu doppelte Seitenzahl allerdings wesentlich teurer sein müßte, wurde auf den englischen Text verzichtet. Sicher wird die Mehrzahl der Leser diese Entscheidung gutheißen. Diejenigen, die durchaus in den empfehlenswerten Genuß des Originals kommen möchten, können es über den Plejaden Verlag beziehen.